Mama, erzähl mir deine Geschichte

Published by Lulu and Bell
ISBN: 978-1-83990-429-5
Lulu and Bell 2024

Inhaltsverzeichnis

Wie man dieses geführte Tagebuch benutzt   1 - 3

Kindheit: Der Anfang   4 - 12

Kindheit: Die frühen Jahre   13 - 25

Kindheit: Die Teenagerjahre   26 - 35

Junge Erwachsenenzeit   36 - 51

Freundschaften und Beziehungen   52 - 62

Besondere Ereignisse   63 - 73

Mutterschaft   74 - 83

Reflexionen   84 - 96

Schnellfeuerfragen   97

Wie man dieses geführte Journal benutzt

Die Nutzung dieses geführten Journals ist eine ausgezeichnete Möglichkeit, um das Leben zu erkunden und deine Geschichte zu erzählen. Es bietet Struktur, Inspiration und Anleitung, während du deine Erfahrungen, Gedanken und Emotionen reflektierst und dokumentierst. Hier ist eine schrittweise Beschreibung, wie du dieses geführte Journal effektiv nutzen kannst:

Etabliere eine regelmäßige Schreibroutine

Widme eine bestimmte Zeit und einen Ort dem Tagebuchschreiben. Kontinuität ist entscheidend. Nimm dir jeden Tag ein paar Minuten Zeit oder einen bestimmten Wochentag vor, um dich mit deinem geführten Journal zu beschäftigen. Finde einen ruhigen und komfortablen Ort, an dem du dich ohne Ablenkungen konzentrieren kannst.

Lies die Anweisungen sorgfältig

Nimm dir Zeit, um die Anweisungen in deinem geführten Journal zu lesen und zu verstehen. Die Aufgabenstellungen können von spezifischen Fragen zu deiner Kindheit oder wichtigen Lebensereignissen bis hin zu allgemeineren Themen wie persönlichem Wachstum oder Zukunftsvisionen reichen. Stelle sicher, dass du jede Aufgabe vollständig verstehst, bevor du antwortest.

Reflektieren und Schreiben

Erlaube dir, über die Aufgabe nachzudenken, bevor du den Stift auf das Papier setzt. Betrachte die Erinnerungen, Emotionen und Erkenntnisse, die mit der Aufgabe verbunden sind. Denke darüber nach, wie die Aufgabe zu deiner Lebensgeschichte passt und welche Aspekte du hervorheben möchtest. Wenn du bereit bist, beginne mit deiner Antwort zu schreiben. Sei ehrlich, authentisch und tauche tief in deine Gedanken und Erfahrungen ein.

Sei offen

Erlaube dir, sowohl die Freuden als auch die Herausforderungen deines Lebens auszudrücken. Erforsche deine Erfolge, Misserfolge, die gelernten Lektionen und das Wachstum, das du auf deinem Weg erlebt hast. Authentisches Schreiben wird dir helfen, die Essenz deiner Lebensgeschichte einzufangen.

Füge Details und Kontext hinzu

Wenn du auf die Aufgabenstellungen antwortest, füge spezifische Details, Anekdoten und Erinnerungen hinzu, die Tiefe in deine Geschichte bringen. Beschreibe die Menschen, Orte und Ereignisse, die dein Leben geprägt haben. Dies wird eine lebendige und fesselnde Erzählung erzeugen, die deine einzigartigen Erfahrungen zeigt.

Überprüfen und Reflektieren

Überprüfen Sie regelmäßig Ihre früheren Einträge, um eine breitere Perspektive auf Ihre Lebensgeschichte zu gewinnen. Reflektieren Sie über die Verbindungen und Muster, die Sie beobachten. Dies kann wertvolle Einblicke in Ihr persönliches Wachstum, Ihre Werte und Ihre Bestrebungen bieten.

Anpassen und Personalisieren

Scheuen Sie sich nicht, Ihre Erfahrung mit dem geführten Tagebuch anzupassen. Fügen Sie Ihre eigenen Anregungen, Illustrationen oder Fotografien hinzu, um es einzigartig zu machen. Diese persönliche Note wird Ihre Erzählreise weiter bereichern.

Umarmen Sie die Reise

Denken Sie daran, dass das Erzählen Ihrer Lebensgeschichte ein Prozess ist, der sich im Laufe der Zeit entfaltet. Umarmen Sie die Reise und genießen Sie die Selbstentdeckung und Reflexion, die damit einhergehen. Eilen Sie nicht durch die Anregungen, sondern erlauben Sie sich, Ihre Erzählung vollständig zu erkunden und auszudrücken.

Indem Sie diese Schritte befolgen, können Sie ein geführtes Tagebuch mit Anregungen effektiv nutzen, um die Geschichte Ihres Lebens zu erzählen. Es kann eine erfüllende und introspektive Erfahrung sein, die Ihnen ermöglicht, ein tieferes Verständnis von sich selbst und Ihrer Reise zu gewinnen.

Kindheit: Der Anfang

Können Sie den Tag Ihrer Geburt und besondere Erinnerungen beschreiben, die Ihre Eltern oder Familie mit Ihnen geteilt haben?

Haben Ihre Eltern oder Ihre Familie Erinnerungen an Sie als Baby mit Ihnen geteilt?

Gibt es eine Bedeutung oder
Geschichte hinter Ihrem Namen?

_____

_____

_____

_____

_____

_____

_____

_____

Wo haben Sie die ersten Jahre Ihres Lebens verbracht, und wie
war Ihr Zuhause zu dieser Zeit?

_____

_____

_____

_____

_____

_____

_____

_____

Können Sie bedeutende Meilensteine oder Erfolge aus Ihren frühen Jahren teilen?

Gab es bedeutende historische Ereignisse oder kulturelle Veränderungen in der Welt während Ihrer frühen Jahre, an die Sie sich erinnern?

Was waren einige Ihrer Lieblingsspielzeuge, Trostobjekte oder Spiele, mit denen Sie als kleines Kind gespielt haben?

Wurde Ihnen von lustigen oder niedlichen Dingen erzählt, die Sie als Kleinkind gesagt oder getan haben?

Gab es bestimmte Bücher, Lieder oder Gutenachtgeschichten, die Sie immer wieder gerne gehört haben?

_____
_____
_____
_____
_____
_____
_____

Waren Sie in irgendwelchen Gruppen und hatten Sie Spielkameraden?

_____
_____
_____
_____
_____
_____
_____
_____

Kindheit: Die frühen Jahre

Was sind einige Ihrer frühesten
Erinnerungen aus Ihrer Kindheit?

Wo sind Sie aufgewachsen und wie war es, dort zu leben?

Hatten Sie als Kind Lieblingsspiele oder Aktivitäten, die Ihnen besonders Spaß gemacht haben?

_____
_____
_____
_____
_____
_____
_____

Was waren Ihre Lieblingsfächer oder Hobbys in der Schule?

_____
_____
_____
_____
_____
_____
_____
_____
_____

Können Sie mir von besonderen Traditionen oder Feierlichkeiten erzählen, die Ihre Familie hatte, als Sie aufgewachsen sind?

___

Hatten Sie Geschwister, und wie war Ihr Verhältnis zu ihnen?

___

Wie waren Ihre Eltern? Wie würden Sie Ihre Beziehung zu ihnen beschreiben?

Hatten Sie als Kind Aufgaben oder Verantwortlichkeiten im Haushalt?

Welche Herausforderungen oder Schwierigkeiten haben Sie in Ihrer Kindheit erlebt?

Gab es denkwürdige Urlaube oder Reisen, die Sie mit Ihrer Familie unternommen haben?

Gab es in dieser Zeit denkwürdige Freundschaften oder Beziehungen, die Sie hatten?

_____
_____
_____
_____
_____
_____
_____

Erinnern Sie sich an besondere Geburtstagsfeiern oder Feierlichkeiten aus dieser Zeit?

_____
_____
_____
_____
_____
_____
_____
_____
_____

Hatten Sie Haustiere, als Sie aufwuchsen, und wie waren sie?

_____
_____
_____
_____
_____
_____
_____

Gab es bestimmte Bücher, Filme oder Lieder, die während Ihrer Kindheit populär oder einflussreich waren?

_____
_____
_____
_____
_____
_____
_____
_____

Gibt es etwas, das Sie gerne anders gemacht hätten, oder Lektionen, die Sie in Ihrer Kindheit gelernt haben und die Sie zu dem gemacht haben, was Sie heute sind?

Kindheit: Teenagerjahre

Was war Ihr Lieblingsteil daran, ein Teenager zu sein?

Können Sie Ihre Zeit in der Highschool beschreiben? Was waren einige denkwürdige Momente oder Ereignisse?

_____
_____
_____
_____
_____
_____
_____

Wer waren Ihre engsten Freunde während Ihrer Teenagerjahre? Haben Sie noch Kontakt zu ihnen?

_____
_____
_____
_____
_____
_____
_____
_____
_____

Haben Sie an außerschulischen Aktivitäten oder Clubs in der Schule teilgenommen? Was waren das für Aktivitäten, und was hat Ihnen daran gefallen?

_____
_____
_____
_____
_____
_____
_____
_____

Was waren Ihre Lieblingsmodetrends oder -stile, als Sie ein Teenager waren?

_____
_____
_____
_____
_____
_____
_____
_____
_____

Hatten Sie während Ihrer Teenagerjahre Teilzeitjobs oder Verantwortlichkeiten? Wie haben diese Ihr Leben beeinflusst?

Gab es bedeutende Hobbys oder Interessen, die Sie während Ihrer Teenagerjahre entwickelt haben?

Können Sie sich an besondere Reisen oder Urlaube erinnern, die Sie in dieser Zeit unternommen haben? Was machte sie unvergesslich?

Gab es bestimmte Musiker, Bands oder Lieder, die Sie während Ihrer Teenagerjahre geliebt haben?

_____
_____
_____
_____
_____
_____
_____

Was waren einige der Herausforderungen oder Probleme, denen Sie als Teenager begegnet sind, und wie haben Sie diese überwunden?

_____
_____
_____
_____
_____
_____
_____
_____
_____

Hatten Sie Lieblingsbücher oder -filme, die Sie in dieser Zeit besonders beeinflusst haben?

_____
_____
_____
_____
_____
_____
_____

Was waren Ihre Wünsche oder Träume für die Zukunft, als Sie ein Teenager waren?

_____
_____
_____
_____
_____
_____
_____
_____
_____

Können Sie Ihre Beziehung zu Ihren Eltern während Ihrer Teenagerjahre beschreiben? Wie hat sie sich entwickelt?

Gibt es Ratschläge oder Lektionen aus Ihren Teenagerjahren, die Sie mit mir teilen möchten?

Junge Erwachsenenjahre

Können Sie beschreiben, wie Ihr Leben war, als Sie nach dem Schulabschluss erstmals das Erwachsenenalter erreichten?

Was waren Ihre beruflichen Ziele oder Wünsche während Ihrer jungen Erwachsenenjahre? Haben sie sich im Laufe der Zeit verändert?

Haben Sie eine höhere Ausbildung oder ein Studium an einer Hochschule/Universität absolviert? Wenn ja, was haben Sie studiert und wie hat diese Erfahrung Sie geprägt?

Können Sie einige denkwürdige Momente oder Erfolge aus Ihrer frühen Karriere oder Ihrem Berufsleben teilen?

_____
_____
_____
_____
_____
_____
_____
_____

Haben Sie in Ihrer jungen Erwachsenenzeit allein oder mit Mitbewohnern gelebt? Wie hat diese Erfahrung Sie beeinflusst?

_____
_____
_____
_____
_____
_____
_____
_____
_____
_____

Hatten Sie in dieser Zeit bestimmte Hobbys oder Interessen, für die Sie leidenschaftlich waren?

_____
_____
_____
_____
_____
_____
_____

Welche waren die größten Herausforderungen oder Hindernisse, denen Sie in Ihren frühen Erwachsenenjahren gegenüberstanden, und wie haben Sie sie überwunden?

_____
_____
_____
_____
_____
_____
_____
_____

Können Sie sich an bedeutende Beziehungen oder romantische Erfahrungen erinnern, die Sie während Ihrer jungen Erwachsenenjahre hatten?

Wie haben Sie Ihre Finanzen verwaltet und finanzielle Unabhängigkeit in Ihrer jungen Erwachsenenzeit navigiert?

___

Gab es bestimmte lebensverändernde Ereignisse oder Erfahrungen, die während dieser Zeit signifikant Ihre Perspektive oder Werte geprägt haben?

___

Können Sie Reisen oder Abenteuer teilen, die Sie während Ihrer jungen Erwachsenenjahre unternommen haben?

Welche Lektionen oder Weisheiten haben Sie aus Ihren Erfahrungen in dieser Lebensphase gewonnen?

___

Hatten Sie während Ihrer jungen Erwachsenenjahre Mentoren oder Vorbilder, die Sie beeinflusst haben?

___

Im Rückblick, gibt es Ratschläge, die Sie Ihrem jüngeren Selbst während dieser Zeit geben würden?

Freundschaften und Beziehungen

Kannst du mir etwas über deine engsten Freunde in verschiedenen Lebensphasen erzählen? Was hat diese Freundschaften besonders gemacht?

Kannst du Geschichten oder Erinnerungen über deinen besten Freund oder deine besten Freunde aus deiner Jugendzeit teilen?

_____
_____
_____
_____
_____
_____
_____
_____

Welche Eigenschaften oder Merkmale haben Sie bei Ihren Freunden und romantischen Partnern geschätzt, als Sie jünger waren?

_____
_____
_____
_____
_____
_____
_____
_____
_____

Wie haben Sie Ihren Lebenspartner kennengelernt? Können Sie Geschichten darüber teilen, wie sich Ihre Beziehung entwickelt hat?

Können Sie sich an besondere Verabredungen, Reisen oder Erlebnisse erinnern, die Sie mit Ihrem Lebenspartner hatten?

Haben Sie jemals Liebeskummer oder bedeutende Herausforderungen in Ihren Beziehungen erlebt? Wie sind Sie durch diese schwierigen Zeiten hindurchgekommen?

___

Gab es Freundschaften oder Beziehungen, die einen signifikanten Einfluss auf Ihr Leben hatten oder Sie geprägt haben, wie Sie heute sind?

___

Können Sie einige Lektionen oder Einsichten teilen, die Sie aus Ihren Freundschaften und Beziehungen in der Vergangenheit gewonnen haben?

Hatten Sie jemals eine Fernbeziehung oder Freundschaften auf Distanz? Wie haben Sie es geschafft, in Verbindung zu bleiben?

Wie haben sich Ihre Freundschaften und Beziehungen verändert, als Sie verschiedene Lebensphasen betraten, wie das Gründen einer Familie oder die Verfolgung einer Karriere?

Können Sie lustige oder herzerwärmende Anekdoten über Ihre Freunde oder romantischen Partner teilen?

Besondere Ereignisse

Können Sie mir von Ihrem Hochzeitstag erzählen? Welche waren die denkwürdigsten Momente oder Details?

Hatten Sie Geburtstage oder Feierlichkeiten zu besonderen Meilensteinen, die einen besonderen Platz in Ihrem Herzen haben? Können Sie sie beschreiben?

_____
_____
_____
_____
_____
_____

Können Sie Geschichten oder Erinnerungen von Familientreffen oder -zusammenkünften teilen, die besonders bedeutsam oder unterhaltsam waren?

_____
_____
_____
_____
_____
_____
_____
_____

Hatten Sie bedeutende Erfolge oder Leistungen, die Sie gefeiert haben? Wie haben Sie diese Momente gewürdigt?

Können Sie sich an Urlaube oder Reisen erinnern, die als unvergessliche Erlebnisse herausstechen? Was hat sie so besonders gemacht?

Haben Sie jemals an einem bedeutenden kulturellen oder religiösen Ereignis teilgenommen, das einen bleibenden Eindruck bei Ihnen hinterlassen hat? Können Sie es beschreiben?

_____
_____
_____
_____
_____
_____

Hatten Sie die Möglichkeit, Zeuge historischer Ereignisse zu sein oder an sozialen Bewegungen teilzunehmen? Wie haben diese Ereignisse Sie beeinflusst?

_____
_____
_____
_____
_____
_____
_____
_____

Können Sie besondere Jubiläen oder Meilensteinmomente in Ihrer Beziehung mit Ihrem Lebenspartner beschreiben?

Hatten Sie im Laufe Ihres Lebens die Gelegenheit, einflussreiche oder berühmte Persönlichkeiten zu treffen? Wer waren sie, und wie war diese Erfahrung?

_____
_____
_____
_____
_____
_____
_____

Können Sie Geschichten oder Erinnerungen von Abschlussfeiern oder akademischen Erfolgen teilen, die Ihnen wichtig waren?

_____
_____
_____
_____
_____
_____
_____
_____
_____

Hatten Sie jemals einen Moment persönlichen Wachstums oder der Selbstentdeckung erlebt, den Sie als besonderes Ereignis in Ihrem Leben betrachten?

Mutterschaft

Welche waren Ihre ersten Gedanken und Emotionen, als Sie herausfanden, dass Sie Mutter werden würden?

Können Sie Ihre Erfahrung bei meiner Geburt beschreiben? Welche waren die denkwürdigsten Momente?

Welche waren einige der größten Herausforderungen, denen Sie in den frühen Phasen der Mutterschaft gegenüberstanden, und wie haben Sie sie überwunden?

_____
_____
_____
_____
_____
_____
_____

Wie hat sich Ihre Sichtweise auf das Leben und Ihre Prioritäten verändert, nachdem Sie Mutter geworden sind?

_____
_____
_____
_____
_____
_____
_____
_____
_____

Hatten Sie spezifische Erziehungskonzepte oder Ansätze, die Sie in Ihrer Mutterschaft geleitet haben?
_____
_____
_____
_____
_____
_____
_____

Welche waren die lohnendsten Aspekte des Mutterseins für Sie?
_____
_____
_____
_____
_____
_____
_____
_____

Gab es Zeiten, in denen Sie sich unsicher oder überfordert als Mutter gefühlt haben? Wie sind Sie mit diesen Momenten umgegangen?

_____
_____
_____
_____
_____
_____
_____

Wie hat sich Ihre Beziehung zu Ihren eigenen Eltern oder Ihrer Familie verändert, nachdem Sie Mutter geworden sind?

_____
_____
_____
_____
_____
_____
_____
_____

Können Sie wichtige Lebenslektionen oder Werte teilen, die Sie als Elternteil vermitteln wollten?

Welche Dinge haben Sie durch die Reise der Mutterschaft über sich selbst gelernt oder entdeckt?

Reflexionen

Wie fühlen Sie sich, wenn Sie auf Ihr Leben als Ganzes zurückblicken?

Welche sind einige der wichtigsten Lektionen, die Sie auf Ihrer Lebensreise gelernt haben?

Wenn Sie zurückgehen könnten und eine Sache in Ihrer Vergangenheit ändern könnten, was wäre das und warum?

Welche sind einige der wichtigsten Werte oder Prinzipien, die Sie durch Ihr Leben geleitet haben?

Können Sie bedeutende Wendepunkte oder entscheidende Momente identifizieren, die den Verlauf Ihres Lebens geprägt haben?
_____
_____
_____
_____
_____
_____
_____
_____

Wie denken Sie, dass sich Ihre Prioritäten und Perspektiven im Laufe der Jahre entwickelt haben?
_____
_____
_____
_____
_____
_____
_____
_____

Gibt es irgendwelche Bedauern oder verpasste Gelegenheiten, die Sie anders verfolgt hätten?

_____
_____
_____
_____
_____
_____
_____

Können Sie über die Herausforderungen oder Schwierigkeiten nachdenken, denen Sie begegnet sind, und wie sie zu Ihrem persönlichen Wachstum beigetragen haben?

_____
_____
_____
_____
_____
_____
_____
_____

Welche sind einige der kostbarsten Erinnerungen oder Errungenschaften aus Ihrem Leben, die Ihnen Freude bereiten?

Wie fühlen Sie sich über die Beziehungen und Verbindungen, die Sie im Laufe der Jahre mit Familie, Freunden und Ihren Lieben aufgebaut haben?

Haben Sie die Ziele und Träume erreicht, die Sie sich für sich selbst vorgestellt hatten, als Sie jünger waren? Wie fühlen Sie sich jetzt darüber?

_____
_____
_____
_____
_____
_____
_____
_____

Wie hoffen Sie, dass diejenigen, die Sie Ihr Leben lang gekannt haben, sich an Sie erinnern werden?

_____
_____
_____
_____
_____
_____
_____
_____

Kannst du Weisheit oder Ratschläge teilen, die du deinem jüngeren Selbst geben würdest, wenn du die Chance hättest?

Wofür sind Sie am dankbarsten, wenn Sie auf Ihr Leben zurückblicken?

Schnellfragerunden

Was ist dein Lieblingsbuch?
_____

_____

Was ist dein Lieblingsfilm?
_____

_____

Kaffee oder Tee?
_____

Katzen oder Hunde?
_____

Strand oder Berge?
_____

süß oder herzhaft?
_____

Frühaufsteher oder Nachteule?
_____

Was ist deine Lieblingsfarbe?
_____

Was ist deine Lieblingsjahreszeit?
_____

Was ist dein Lieblingslied?

_____

_____

_____

www.ingramcontent.com/pod-product-compliance
Lightning Source LLC
LaVergne TN
LVHW072021060526
838200LV00009B/228